Impressum
Verlag: BABADADA GmbH, Nedderfeld 112 , 22529 Hamburg
Geschäftsführer / Verlagsleitung: Harald Hof
Druck: Books on Demand GmbH, In de Tarpen 42, 22848 Norderstedt

Imprint
Publisher: BABADADA GmbH, Nedderfeld 112 , 22529 Hamburg, Germany
Managing Director / Publishing direction: Harald Hof
Print: Books on Demand GmbH, In de Tarpen 42, 22848 Norderstedt, Germany

escuela

škola

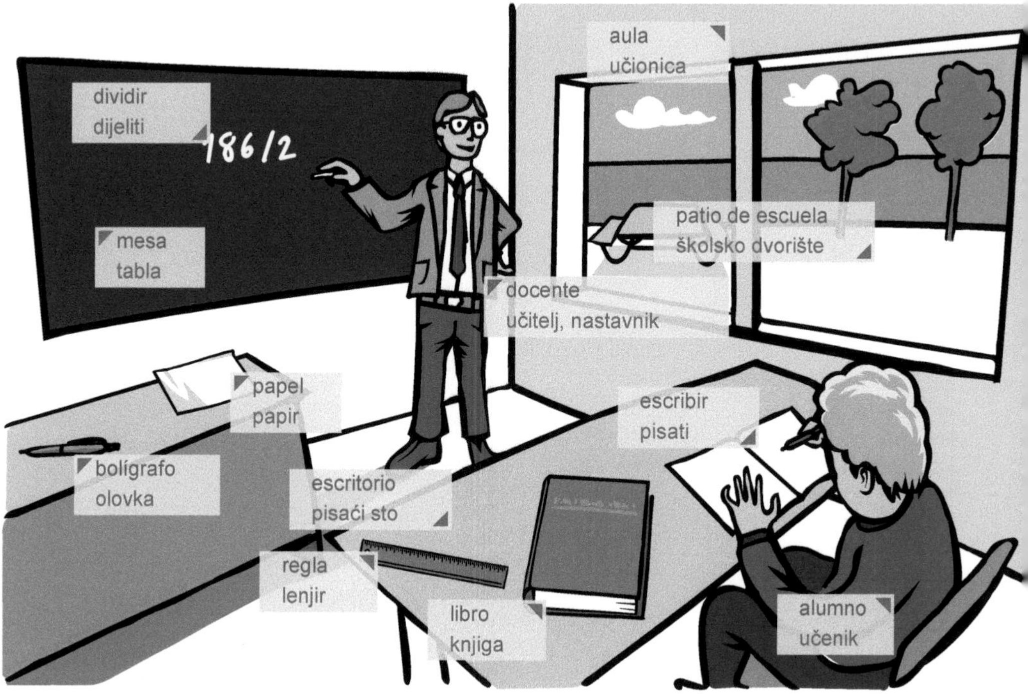

aula
učionica
dividir
dijeliti
186/2
mesa
tabla
patio de escuela
školsko dvorište
docente
učitelj, nastavnik
papel
papir
escribir
pisati
bolígrafo
olovka
escritorio
pisaći sto
regla
lenjir
libro
knjiga
alumno
učenik

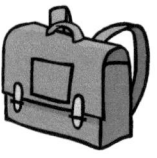

mochila escolar

torba

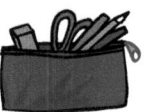

caja de lápices

pernica

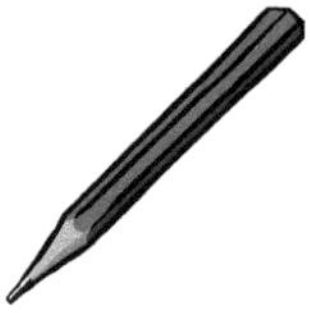

lápiz

drvena olovka

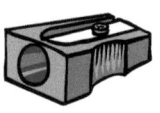

sacapuntas

šiljalo za olovke

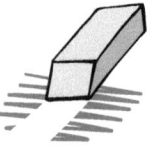

goma de borrar

gumica

bloc de dibujo

blok za crtanje

dibujo
....
crtež

pincel
....
kist

caja de pinturas
....
kutija s bojama

tijera
....
makaze

pegamento
....
ljepilo

libro de ejercicios
....
vježbanka

tarea
....
domaća zadaća

número
....
broj

sumar
....
sabirati

restar
....
oduzimati

multiplicar
....
množiti

calcular
....
računati

letra
....
slovo

ABCDEFG
HIJKLMN
OPQRSTU
VWXYZ

alfabeto
....
abeceda

hello

palabra
....
riječ

texto

tekst

leer

čitati

tiza

kreda

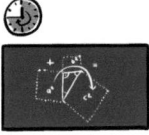

lección

sat

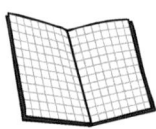

libro de clase

školski dnevnik

examen

ispit

certificado

svjedočanstvo

uniforme escolar

školska uniforma

educación

izobrazba

enciclopedia

leksikon

universidad

univerzitet

microscopio

mikroskop

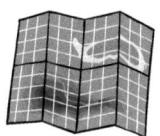

mapa

karta

cesto de papeles

korpa za papir

hotel
hotel

albergue
hostel

casa de cambio
mjenjačnica

ROOMS

EXCHANGE

maleta
kofer

auto
auto

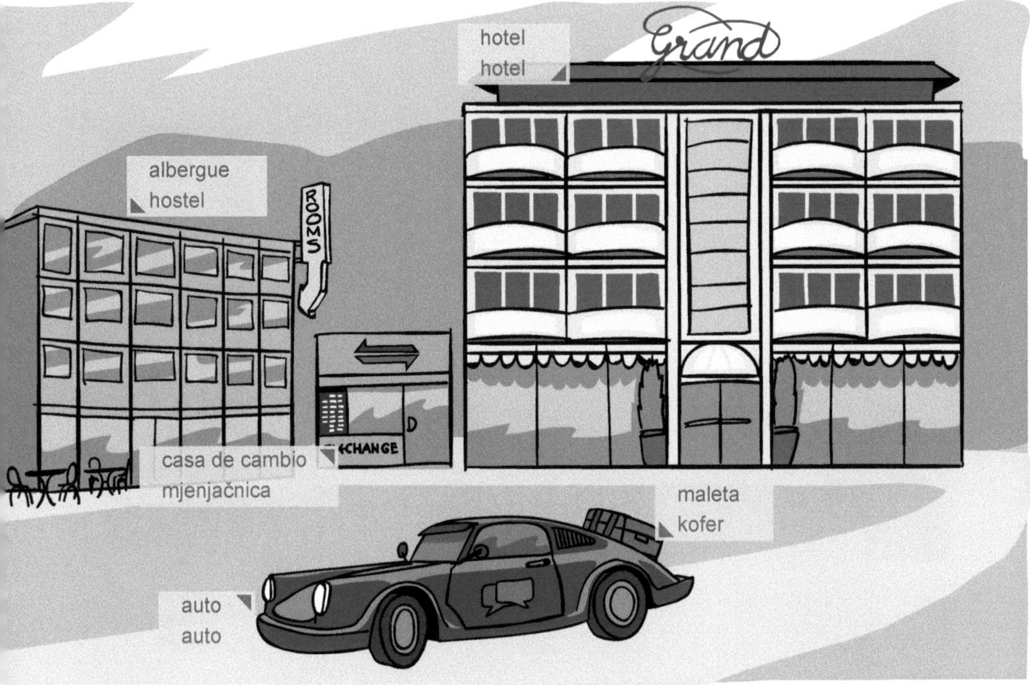

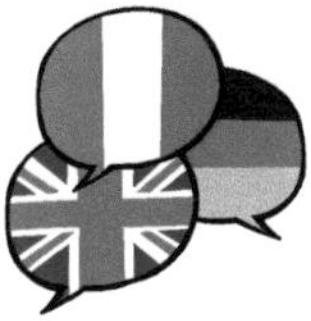

idioma

jezik

sí / no

da / ne

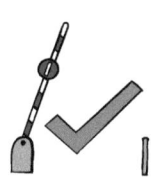

ok

okej

hola

zdravo

intérprete

tumač

gracias

hvala

¿Cuánto cuesta...?

Koliko košta...?

No entiendo

Ne razumijem

problema

problem

¡Buenas tardes!

dobro veče!

¡Buenos días!

Dobro jutro!

¡Buenas noches!

Laku noć!

adiós

doviđenja

dirección

smjer

equipaje

prtljag

bolso

torba

mochila

ruksak

invitado

gost

cuarto

soba

saco de dormir

vreća za spavanje

tienda de campaña

šator

viaje - putovanje

información al turista

turističke informacije

playa

plaža

tarjeta de crédito

kreditna kartica

desayuno

doručak

almuerzo

ručak

cena

večera

pasaje

putna karta

ascensor

lift

sello

poštanska markica

límite

granica

aduana

carina

embajada

ambasada

visa

viza

pasaporte

pasoš

transporte
transport

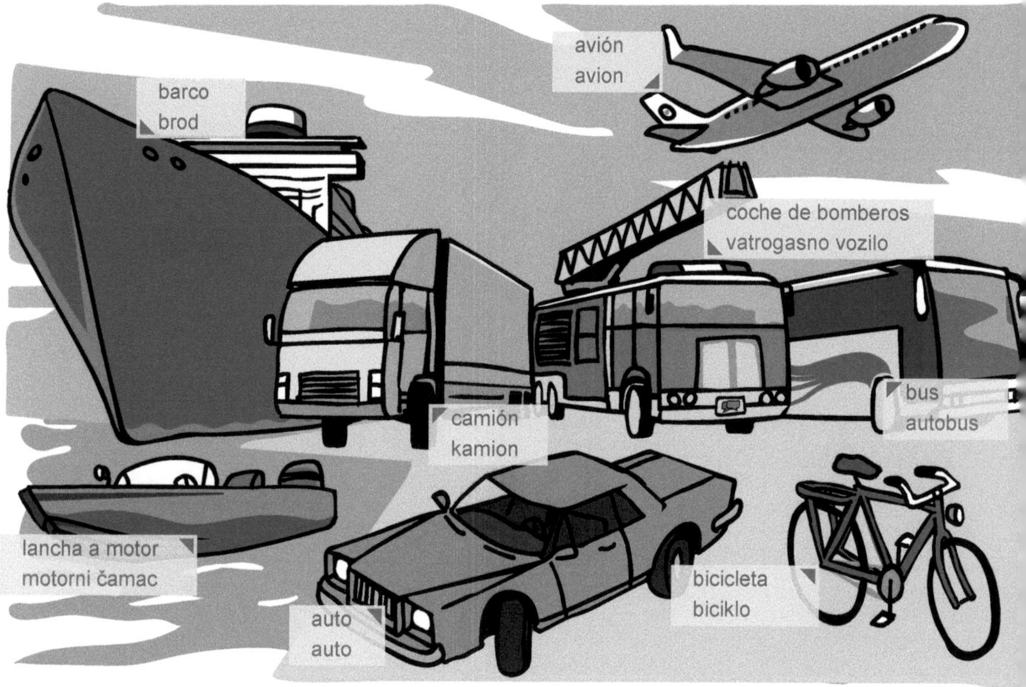
avión
avion
barco
brod
coche de bomberos
vatrogasno vozilo
bus
autobus
camión
kamion
lancha a motor
motorni čamac
bicicleta
biciklo
auto
auto

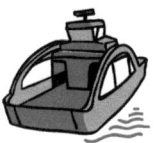

balsa

trajekt

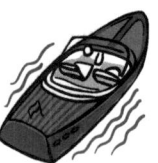

lancha

brod

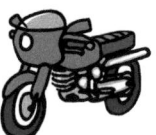

motocicleta

motocikl

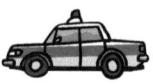

auto de policía

policijski automobil

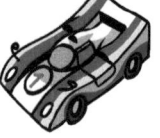

auto de carreras

trkaći automobil

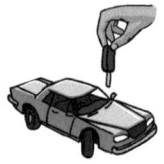

auto de alquiler

unajmljeni automobil

alquiler de autos

kar-šering

grúa

pauk

vehículo recolector de basura

smećarsko vozilo

motor

motor

gasolina

gorivo

gasolinera

benzinska pumpa

señal de tráfico

saobraćajni znak

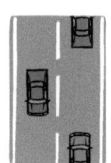

tránsito

saobraćaj

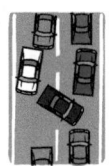

atasco

zastoj

estacionamiento

parking

estación de tren

željeznička stanica

carril

šine

tren

voz

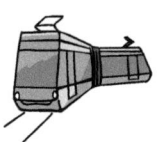

tranvía

tramvaj

vagón

vagon

helicóptero

helikopter

aeropuerto

aerodrom

torre

toranj

pasajero

putnik

contenedor

kontejner

caja de cartón

karton

carro

tačke

cesta

korpa

despegar / aterrizar

poletjeti / sletjeti

ciudad
grad

aldea

selo

centro de la ciudad

centar grada

casa

kuća

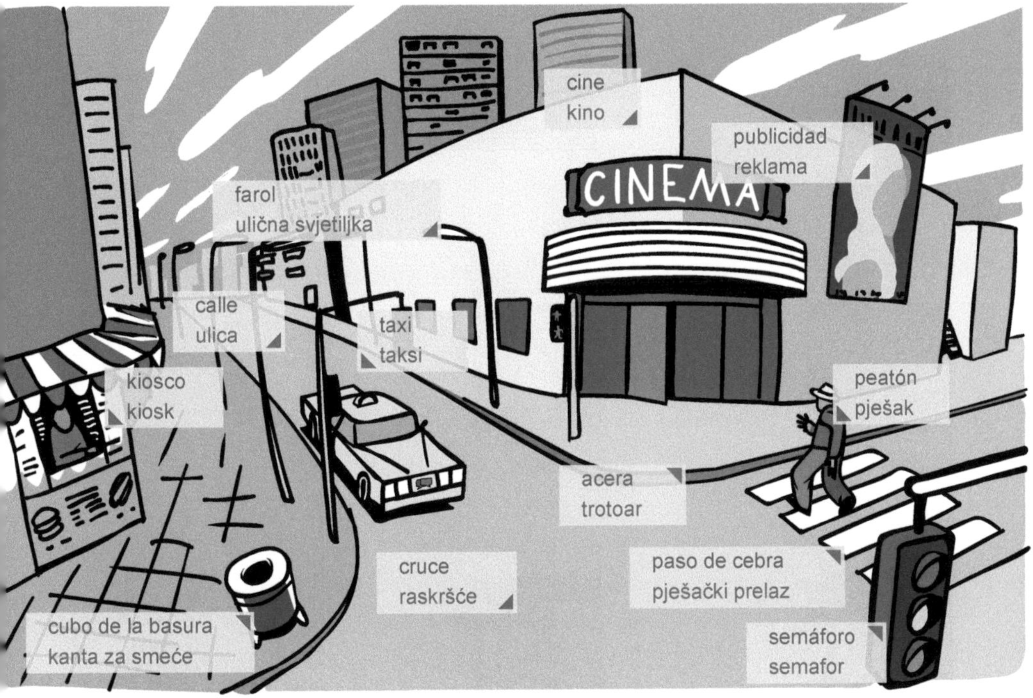

cine
kino

publicidad
reklama

farol
ulična svjetiljka

CINEMA

calle
ulica

taxi
taksi

kiosco
kiosk

peatón
pješak

acera
trotoar

cruce
raskršće

paso de cebra
pješački prelaz

cubo de la basura
kanta za smeće

semáforo
semafor

cabaña

koliba

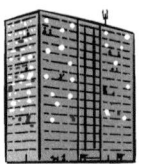

apartamento

stan

estación de tren

željeznička stanica

ayuntamiento

vjećnica

museo

muzej

escuela

škola

universidad
univerzitet

banco
banka

hospital
bolnica

hotel
hotel

farmacia
apoteka

oficina
ured

librería
knjižara

negocio
radnja

florería
cvjećara

supermercado
oupormarkot

mercado
pijaca

grandes almacenes
robna kuća

pescadería
prodavač ribe

centro comercial
trgovački centar

puerto
luka

parque
park

banco
klupa

puente
most

escalera
stepenice

metro
podzemna željeznica

túnel
tunel

parada de autobuses
autobuska stanica

bar
bar

restaurante
restoran

buzón de correo
poštanski sandučić

letrero
saobraćajni znak

parquímetro
sat za naplatu parkinga

zoológico
zoološki vrt

piscina
bazen

mezquita
džamija

granja
seosko imanje

polución
zagađenje okoline

cementerio
groblje

iglesia
crkva

parque infantil
igralište

templo
hram

paisaje
krajolik

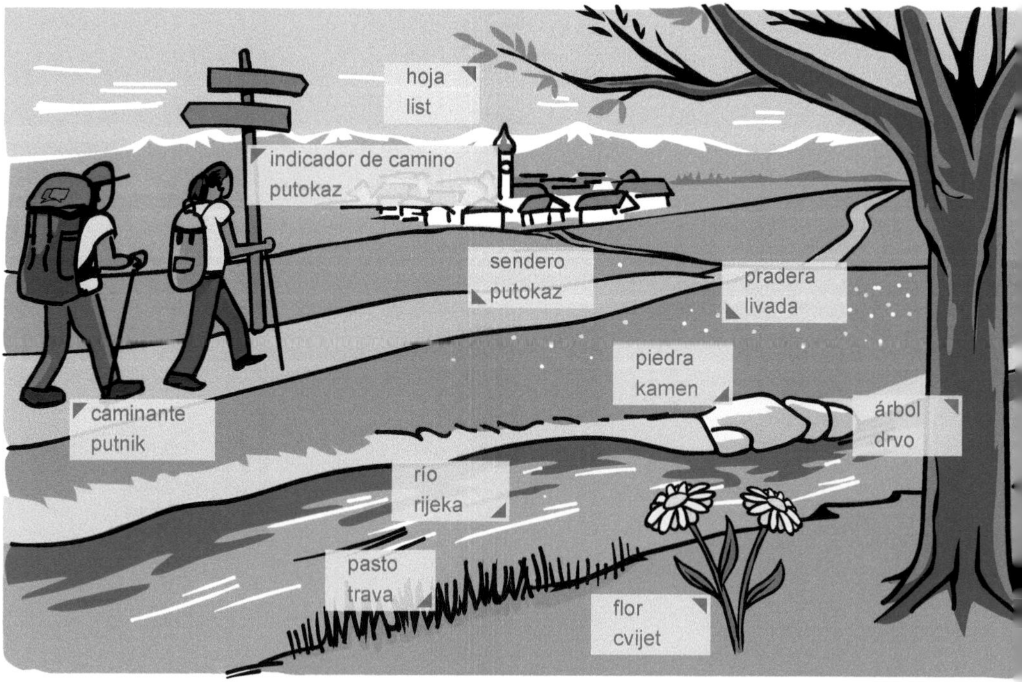

hoja
list

indicador de camino
putokaz

sendero
putokaz

pradera
livada

piedra
kamen

árbol
drvo

caminante
putnik

río
rijeka

pasto
trava

flor
cvijet

valle
dolina

montaña
brdo

lago
jezero

bosque
šuma

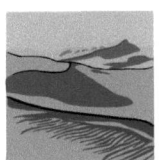

desierto
pustinja

volcán
vulkan

castillo
dvorac

arco iris
duga

seta
gljiva

palmera
palma

mosquito
komarac

mosca
muha

hormiga
mrav

abeja
pčela

araña
pauk

escarabajo

buba

rana

žaba

ardilla

vjeverica

erizo

jež

liebre

zec

lechuza

sova

pájaro

ptica

cisne

labud

jabalí

divlja svinja

ciervo

jolon

alce

los

embalse

brana

aerogenerador

vjetrenjača

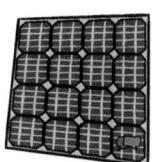

módulo solar

solarni modul

clima

klima

restaurante

restoran

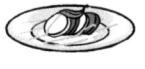

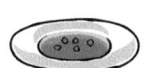

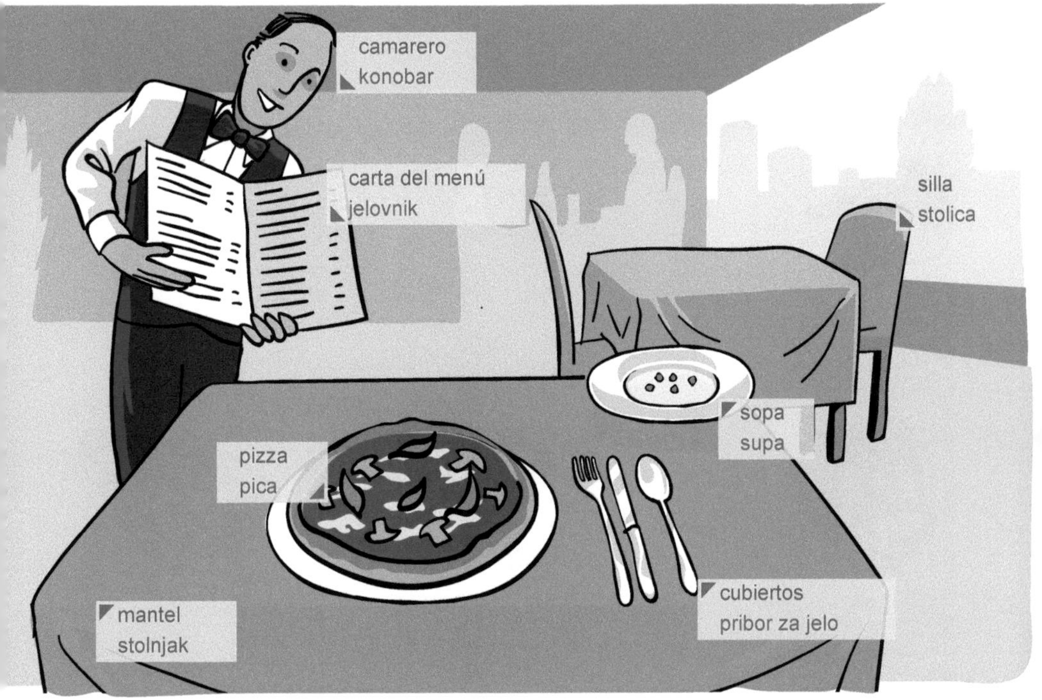

camarero
konobar
carta del menú
jelovnik
silla
stolica
sopa
supa
pizza
pica
cubiertos
pribor za jelo
mantel
stolnjak

entrada

predjelo

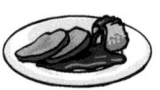

plato principal

glavno jelo

postre

desert

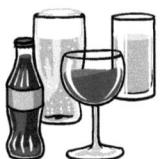

bebida

piće

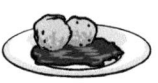

comida

jelo

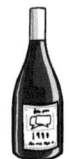

botella

flaša

comida rápida

brza hrana

comida callejera

jelo sa ulice

tetera

čajnik

azucarera

šećernica

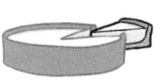

porción

porcija

máquina de espresso

mašina za espreso

silla alta

barska stolica

factura

račun

bandeja

tacna

cuchillo

nož

tenedor

viljuška

cuchara

kašika

cuchara de té

kašičica

servilleta

salveta

vaso

čaša

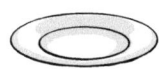

plato

tanjir

plato de sopa

tanjir za supu

platillo

tanjurić

salsa

sos

salero

solanik

molinillo para pimienta

mlin za biber

vinagre

sirće

aceite

ulje

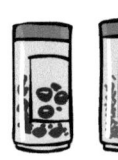

especias

začini

ketchup

kečap

mostaza

senf

mayonesa

majoneza

supermercado
supermarket

oferta
ponuda
FOR
cliente
klijent
productos lácteos
mliječni proizvodi
fruta
voće
carrito de compras
kolica za kupovinu

BUTCHERS

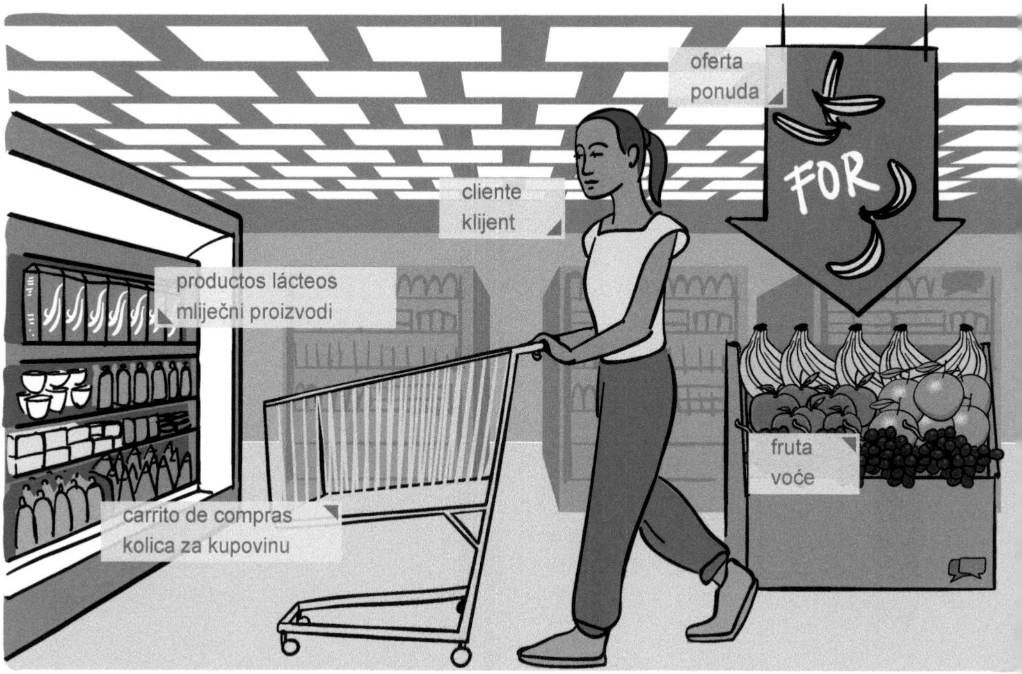

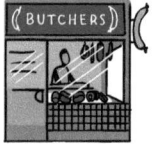

carnicería

mesnica- klaonica

BAKERY

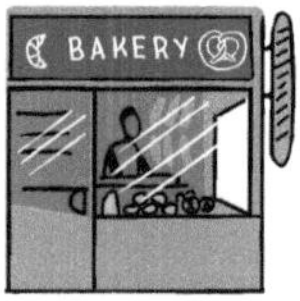

panadería

pekara

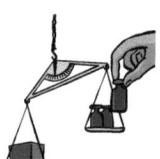

pesar

vagati

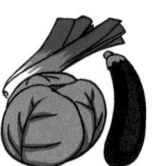

verdura

povrće

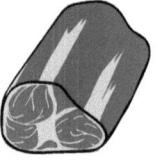

carne

meso

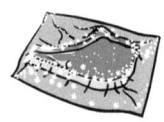

alimentos congelados

zaleđena hrana

fiambre

narezak

conservas

konzerve

detergente en polvo

prašak za veš

dulces

slatkiši

artículos domésticos

kućanski proizvodi

productos de limpieza

sredstvo za čišćenje

vendedora

prodavačica

caja

kasa

cajero

blagajnik

lista de compras

lista za kupovinu

horario de atención

radno vrijeme

cartera

novčanik

tarjeta de crédito

kreditna kartica

maleta

torba

bolsa plástica

najlonska vrećica

agua

voda

jugo

sok

leche

mlijeko

refresco de cola

kola

vino

vino

cerveza

pivo

alcohol

alkohol

cacao

kakao

té

čaj

café

kafa

espresso

espreso

cappuccino

kapućino

banana

banana

manzana

jabuka

naranja

narandža

sandía

lubenica

limón

limun

zanahoria

mrkva

ajo

bijeli luk

bambú

bambus

cebolla

crveni luk

seta

gljiva

nueces

orašasti plodovi

fideos

pasta

espagueti

špagete

arroz

riža

ensalada

salata

patatas fritas

pomfrit

patatas salteadas

pečeni krompir

pizza

pica

hamburguesa

hamburger

sándwich

sendvič

escalope

šnicla

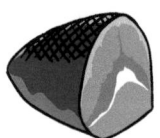

jamón

šunka

salame

kobasica

embutido

kobasica

pollo

kokoš

asado

pečenje

pescado

riba

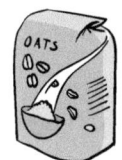

copos de avena

zobene pahuljice

musli

muzli

copos de maíz tostado

kornfleks

harina

brašno

croissant

kroason

panecillo

zemičke

pan

kruh

tostada

tost

galletas

keksi

mantequilla

maslac

cuajada

svježi sir

pastel

kolač

huevo

jaje

huevo frito

jaje na oko

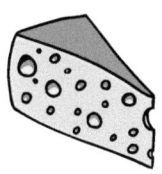

queso

sir

comida - jelo

helado

sladoled

azúcar

šećer

miel

med

mermelada

marmelada

praliné

nugat krema

curry

kuri

granja
seosko imanje

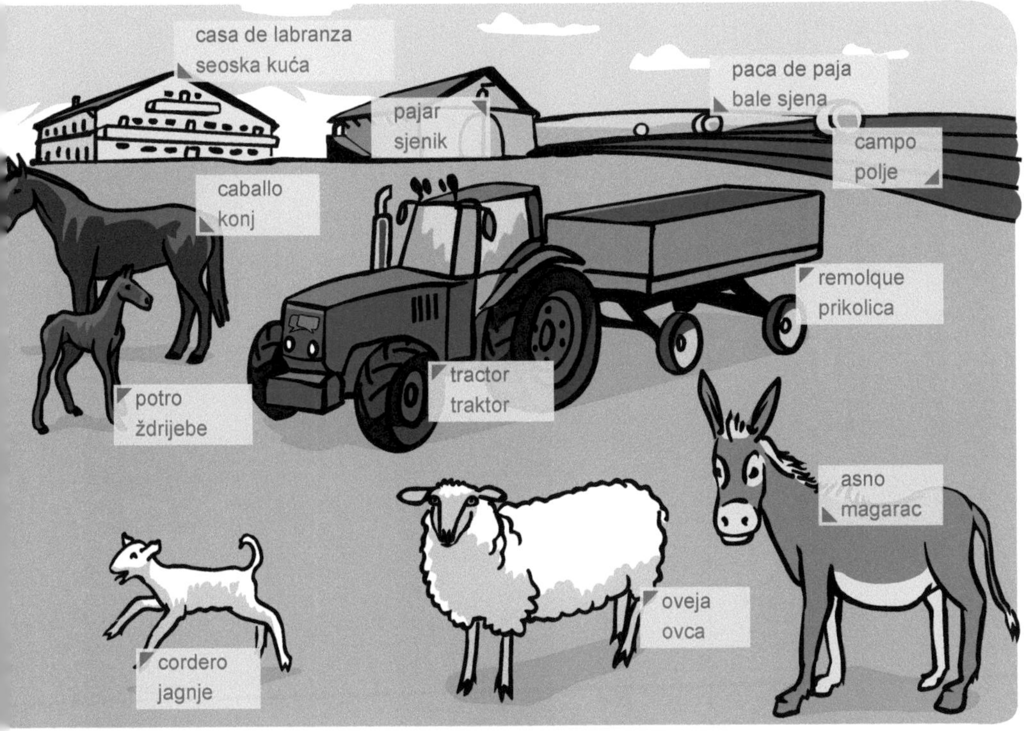
casa de labranza
seoska kuća
pajar
sjenik
paca de paja
bale sjena
campo
polje
caballo
konj
remolque
prikolica
tractor
traktor
potro
ždrijebe
asno
magarac
oveja
ovca
cordero
jagnje

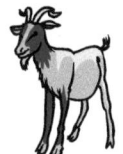

cabra

koza

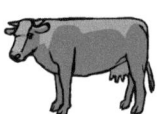

vaca

krava

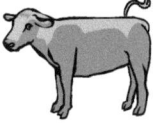

ternero

tele

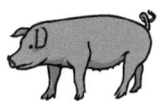

cerdo

svinja

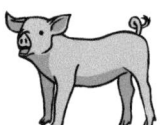

lechón

prase

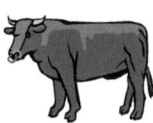

toro

bik

ganso

guska

pato

patka

polluelo

pile

pollo

kokoška

gallo

pjetao

rata

pacov

gato

mačka

ratón

miš

buey

vol

perro

pas

caseta del perro

pseća kućica

manguera de riego

crijevo za baštu

regadera

kanta za zalijevanje

guadaña

kosa

arado

plug

hoz

srp

azada

motika

bieldo

vile

hacha

sjekira

carretilla

tačke

abrevadero

korito

lechera

bokal za mlijeko

saco

vreća

cerca

ograda

establo

štala

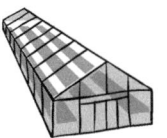

invernadero

staklenik

suelo

tlo

semilla

sjeme

fertilizante

đubrivo

cosechadora

kombajn

cosechar
....
kositi

cosecha
....
žetva

raíz de ñame
....
jam korijen

trigo
....
pšenica

soja
....
soja

patata
....
krompir

maíz
....
kukuruz

colza
....
uljana repica

Árbol frutal
....
drvo voća

mandioca
....
manioka

cereales
....
žito

casa
kuća

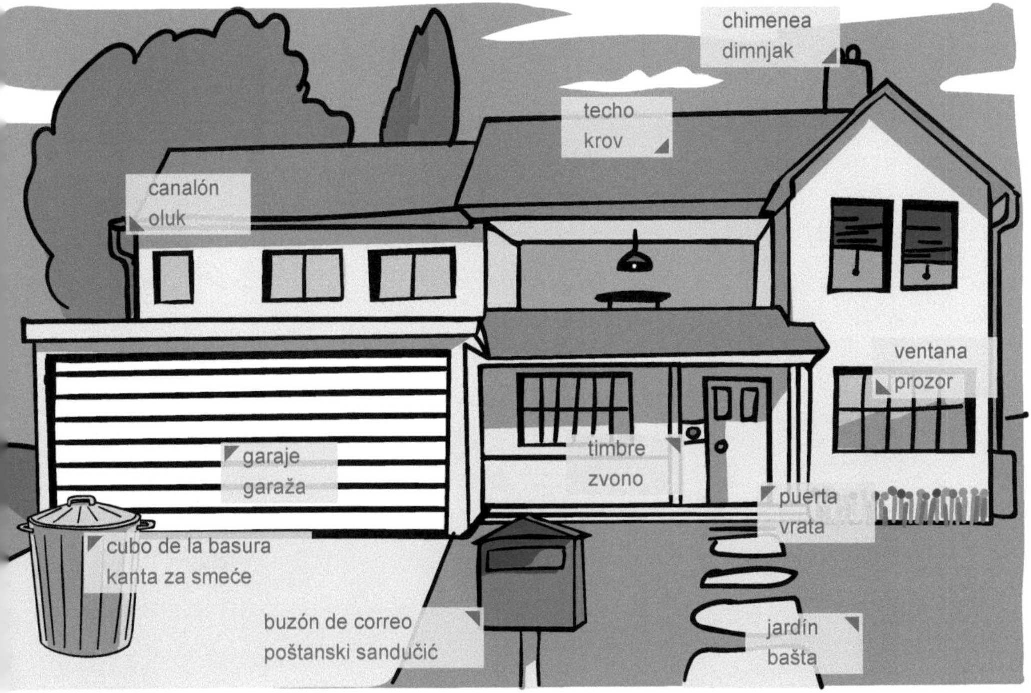
chimenea
dimnjak
techo
krov
canalón
oluk
ventana
prozor
timbre
zvono
garaje
garaža
puerta
vrata
cubo de la basura
kanta za smeće
buzón de correo
poštanski sandučić
jardín
bašta

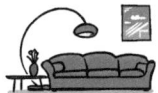

cuarto de estar

dnevni boravak

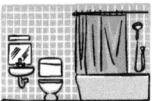

cuarto de baño

kupatilo

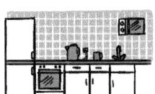

cocina

kuhinja

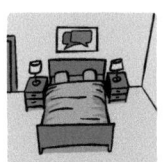

dormitorio

spavaća soba

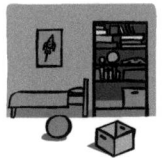

cuarto de los niños

dječija soba

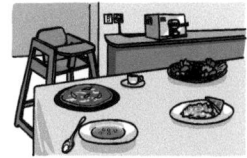

comedor

trpezarija

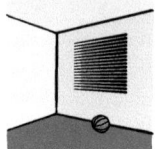

piso

pod, tlo

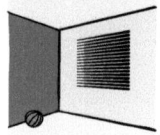

pared

zid

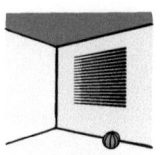

cielorraso

plafon

sótano

podrum

sauna

sauna

balcón

balkon

terraza

terasa

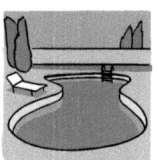

piscina

bazen

cortacésped

kosilica

funda nórdica

posteljina

edredón

pokrivač

cama

krevet

escoba

metla

cubo

kanta

interruptor

prekidač

cuarto de estar
dnevni boravak

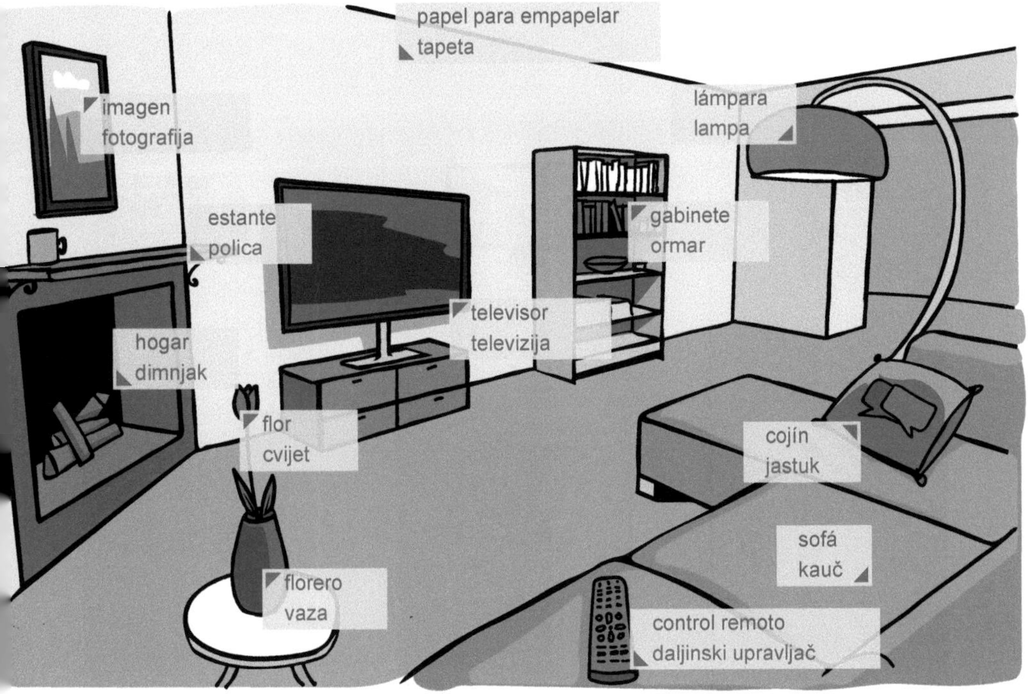

papel para empapelar
tapeta
imagen
fotografija
lámpara
lampa
estante
polica
gabinete
ormar
televisor
televizija
hogar
dimnjak
flor
cvijet
cojín
jastuk
sofá
kauč
florero
vaza
control remoto
daljinski upravljač

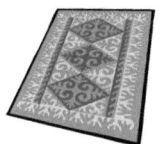

alfombra
tepih

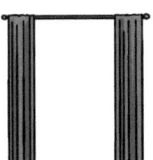

cortina
zavjesa

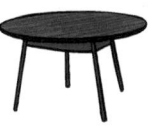

mesa
stol

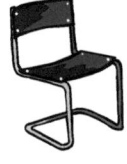

silla
stolica

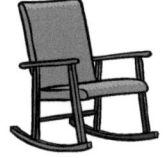

mecedora
stolica za ljuljanje

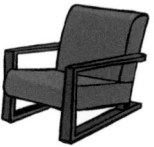

sillón
fotelja

libro

knjiga

frazada

deka

decoración

dekoracija

leña

ložno drvo

film

film

equipo estereofónico

stereo uređaj

llave

ključ

periódico

novine

cuadro

umjetnička slika

póster

poster

radio

radio

bloc de notas

blok za bilješke

aspiradora

usisavač

cactus

kaktus

vela

svijeća

cocina
kuhinja

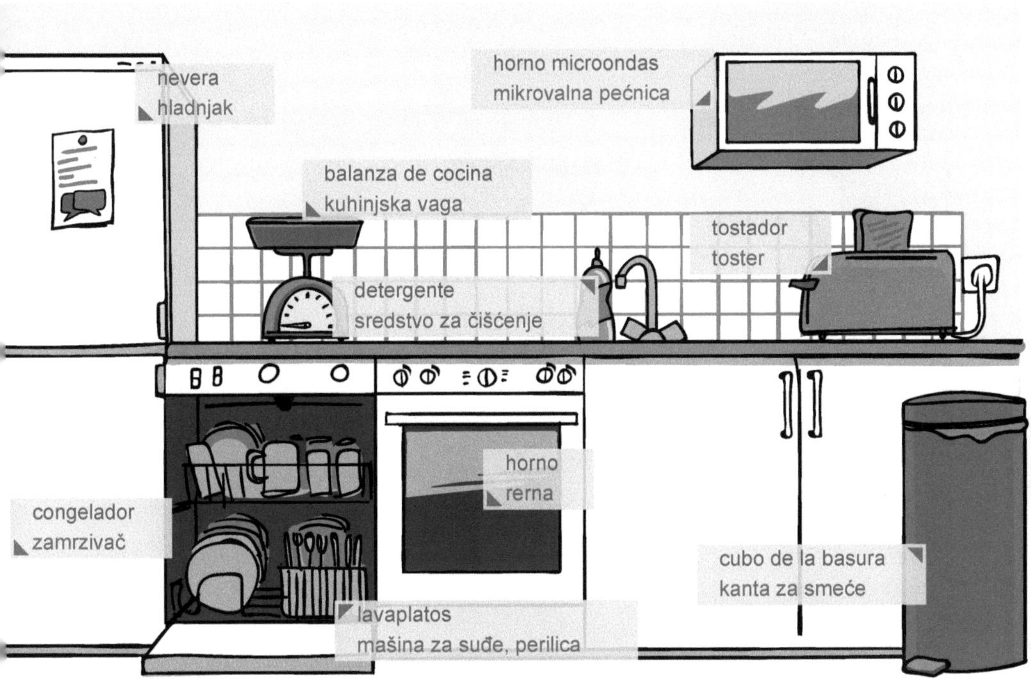

nevera
hladnjak
horno microondas
mikrovalna pećnica
balanza de cocina
kuhinjska vaga
tostador
toster
detergente
sredstvo za čišćenje
horno
rerna
congelador
zamrzivač
cubo de la basura
kanta za smeće
lavaplatos
mašina za suđe, perilica

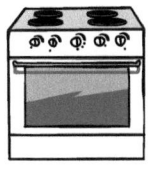

cocina

peć

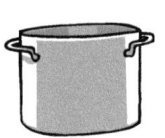

olla

lonac

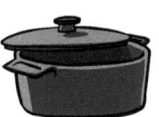

olla de fundición de hierro

metalni lonac

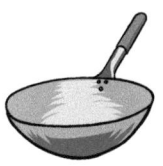

wok / kadai

vok / kadai

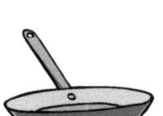

sartén

tava, tiganj

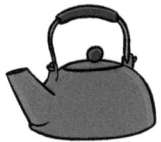

hervidor de agua

kuhalo

olla de vapor

aparat za kuhanje na pari

bandeja de horno

lim za pečenje

vajilla

posuđe

vaso

šalica

bol

činija

palillos para comer

kineski štapići

cucharón de sopa

kutlača

espátula

lopatica

batidor

metlica za snijeg bjelanjca

colador

sito za kuhanje

cedazo

sito

rallador

ribež

mortero

avan s tučkom

parrillada

roštilj

fogata

ložište

tabla de picar
daska

rodillo
oklagija

sacacorchos
vadičep

lata
konzerva

abrelatas
otvarač za konzerve

agarrador
krpe za lonac

fregadero
sudoper

cepillo
četka

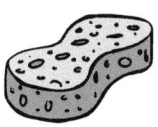

esponja
spužva

batidora
mikser

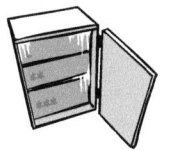

arcón congelador
zamrzivač

biberón
flašica za bebu

grifo
slavina

cuarto de baño
kupatilo

calefacción
grijanje
toalla
peškir
ducha
tuš
cortina para ducha
zavjesa za tuš
baño de espuma
pjenušava kupka
bañera
kada
vaso
čaša
lavadora
mašina za veš
grifo
slavina
baldosa
pločice
orinal
dječja kahlica
fregadero
sudoper

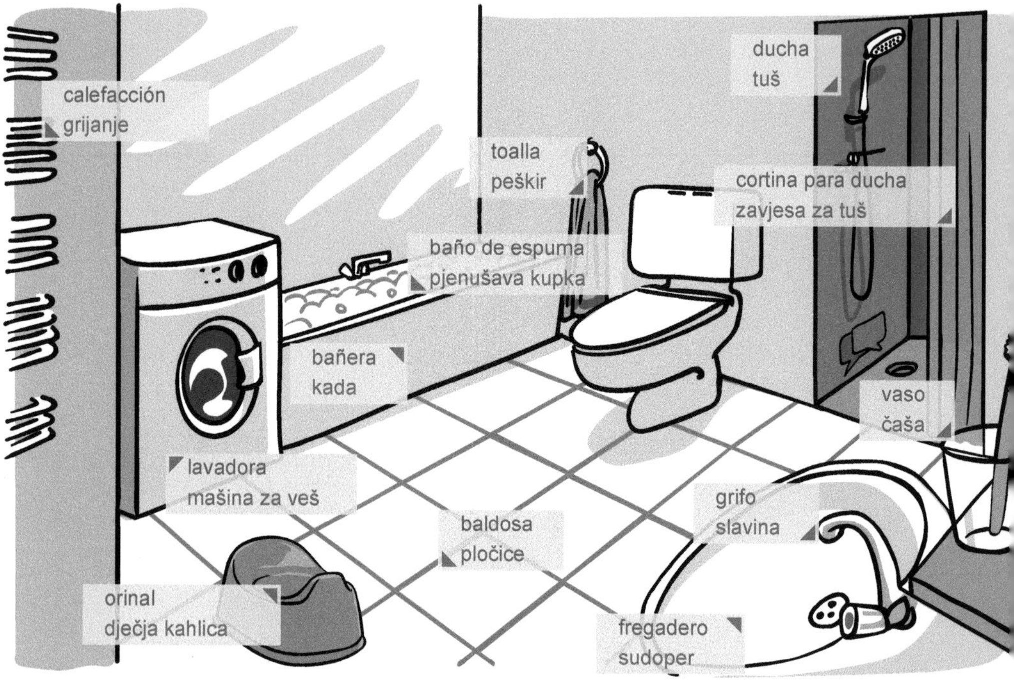

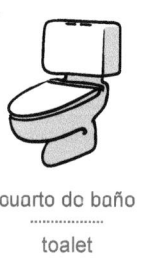

cuarto de baño

toalet

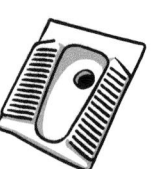

placa turca

čučavac

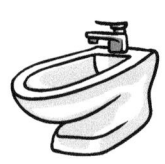

bidé

bide

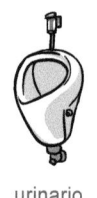

urinario

pisoar

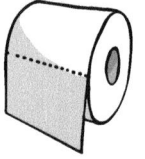

papel higiénico

toalet papir

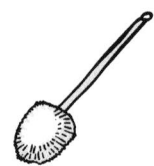

escobilla para el cuarto de baño

četka za wc

cepillo de dientes

četkica za zube

pasta dentífrica

pasta za zube

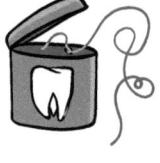

seda dental

zubni konac

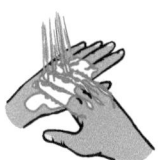

lavar

prati

ducha teléfono

tuš

ducha higiénica

intimni tuš

cuenco

lavor

cepillo para la espalda

četka za leđa

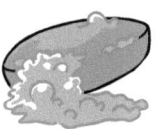

jabón

sapun

gel de ducha

gel za tuširanje

champú

šampon

manopla para baño

krpe za pranje

desagüe

odvod

crema

krema

desodorante

dezodorans

espejo

ogledalo

espejo de maquillaje

ogledalo za šminkanje

máquina de afeitar

brijač

espuma de afeitar

pjena za brijanje

loción para después del afeitado

vodica poslije brijanja

peine

češalj

cepillo

četka

secador para cabello

fen

laca de peinado

sprej za kosu

maquillaje

puder

lápiz labial

karmin

laca para uñas

lak za nokte

algodón

vata

tijera para uñas

makazice za nokte

perfume

parfem

neceser

kozmetička torbica

taburete

hoklica

balanza

vaga

bata de baño

kupaći ogrtač

guantes de goma

rukavice za čišćenje

tampón

tampon

compresa

uložak za dame

wáter químico

hemijski toalet

cuarto de los niños
dječija soba

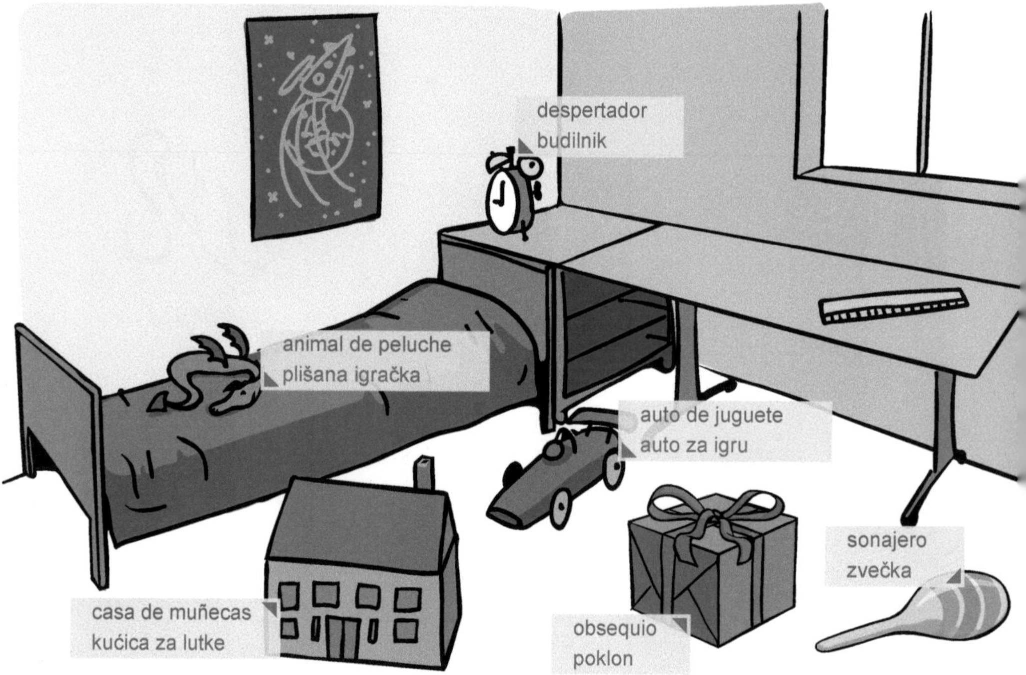
despertador
budilnik
animal de peluche
plišana igračka
auto de juguete
auto za igru
sonajero
zvečka
casa de muñecas
kućica za lutke
obsequio
poklon

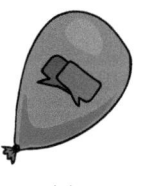

globo

balon

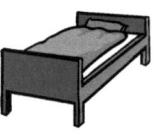

cama

krevet

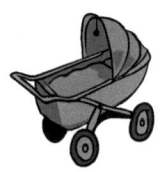

cochecito para niños

kolica za djecu

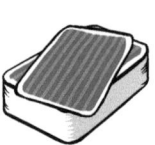

juego de barajas

karte za igranje

rompecabezas

puzle

SUPER MEGA

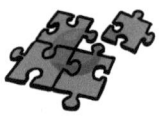

cómic

strip

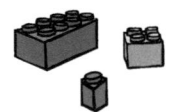

piezas de Lego

lego kockice

bloques para jugar

kockice za gradnju

figura de acción

akcione figure

pijama de una pieza

benkica

frisbee

frizbi

móvil

mobile

juego de mesa

igra na ploči

dado

kocka

tren eléctrico a escala

miniatura željeznice

chupete

cucla

fiesta

zabava

libro de dibujos

slikovnica

pelota

lopta

títere

lutka

jugar

igrati

arenero
pješćanik

columpio
ljuljačka

juguetes
igračke

consola de videojuego
konzola za igru

triciclo
triciklo

osito de peluche
medvjedić

guardarropa
ormar

vestimenta

odjeća

calcetines
kratke čarape

medias
čarape

panti
hulahopke

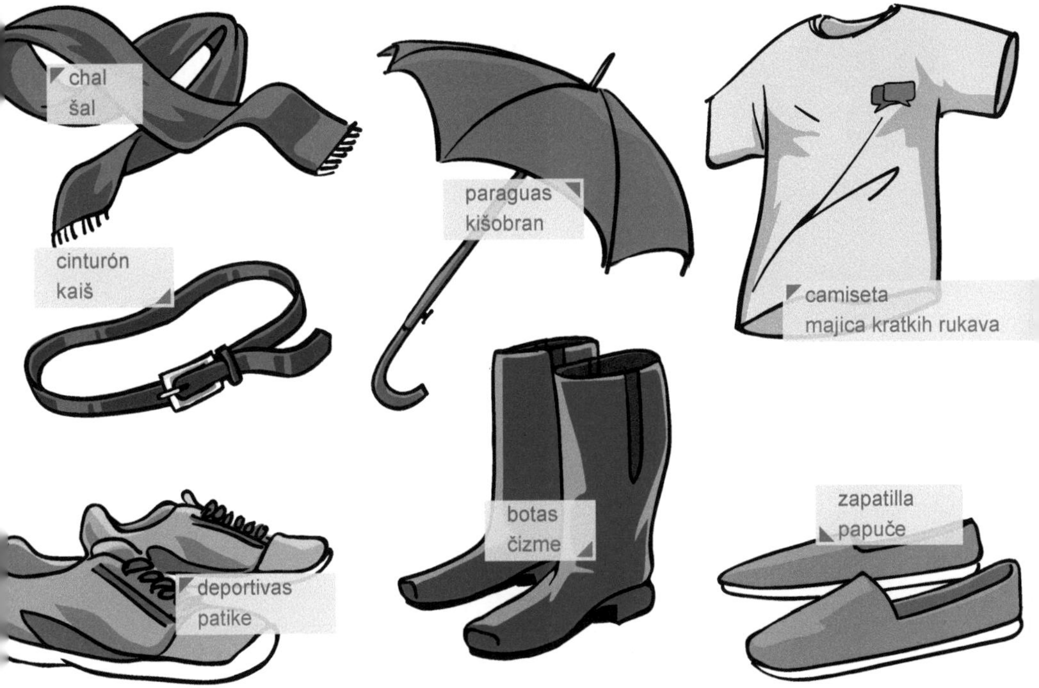

chal
šal

paraguas
kišobran

cinturón
kaiš

camiseta
majica kratkih rukava

botas
čizme

zapatilla
papuče

deportivas
patike

sandalias
....
sandale

zapatos
....
cipele

botas de goma
....
gumene čizme

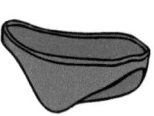
ropa interior
....
gaće

corpiño
....
grudnjak

camiseta
....
potkošulja

vestimenta - odjeća

45

body
bodi

pantalón
hlače

jeans
farmerke

falda
suknja

blusa
bluza

camisa
košulja

pullover
džemper

sweater
majica

blazer
sako

chaqueta
jakna

abrigo
mantil

impermeable
kišni mantil

traje chaqueta
kostim

vestido
haljina

vestido de bodas
vjenčanica

traje
odijelo

camisón
spavaćica

pijama
pidžama

sari
sari

pañuelo de cabeza
marama

turbante
turban

burka
burka

caftán
kaftan

abaya
abaja

traje de baño
kupaći kostim

bañador
kupaće gaće

shorts
kratke hlače

chándal
trenerka

delantal
pregača

guante
rukavice

botón
dugme

gafa
naočare

brazalete
narukvica

cadena
ogrlica

anillo
prsten

aro
naušnica

gorra
kapa

percha
vješalica

sombrero
šešir

corbata
kravata

cierre a cremallera
patentni zatvarač

casco
kaciga

tiradores
tregeri za hlače

uniforme escolar
školska uniforma

uniforme
uniforma

babero
podbradak

chupete
cucla

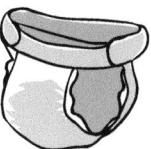

pañal
pelene

servidor
server

archivador
ormar za kartoteku

impresora
štampač

monitor
monitor

papel
papir

escritorio
pisaći sto

ratón
miš

carpeta
registrator

teclado
tastatura

cesto de papeles
korpa za papir

silla
stolica

ordenador
kompjuter

taza de café
šolja za kafu

calculadora
kalkulator

internet
internet

oficina - ured

49

laptop
laptop

carta
pismo

mensaje
poruka

teléfono móvil
mobilni telefon

red
mreža

fotocopiadora
aparat za kopiranje

software
softver

teléfono
telefon

tomacorriente
utičnica

máquina de fax
faks

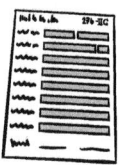

formulario
formular

documento
dokument

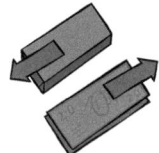

comprar
kupovati

pagar
platiti

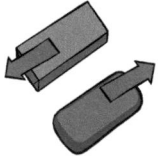

comerciar
trgovati

dinero
novac

dólar
dolar

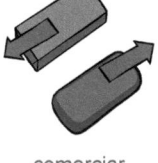

euro
euro

yen
jen

rublo
rublja

franco
franak

renminbi
renminbi jen

rupia
rupi

cajero automático
bankomat

casa de cambio

mjenjačnica

oro

zlato

plata

srebro

petróleo

nafta

energía

energija

precio

cijena

contrato

ugovor

impuesto

porez

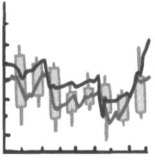

acción

akcija

trabajar

raditi

empleado

službenik

empleador

poslodavac

fábrica

fabrika

negocio

radnja

bombero
vatrogasac

policía
policajac

cocinero
kuhar

médico
ljekar

piloto
pilot

jardinero

baštovan

carpintero

stolar

costurera

krojačica

juez

sudija

químico

hemičar

actor

glumac

conductor de autobús

vozač autobusa

taxista

vozač taksija

pescador

ribar

mujer de la limpieza

čistačica

techista

krovopokrivač

camarero

konobar

cazador

lovac

pintor

moler

panadero

pekar

electricista

električar

albañil

građevinski radnik

ingeniero

inženjer

carnicero

koljač

fontanero

limar, vodoinstalater

cartero

poštar

soldado

vojnik

arquitecto

arhitekta

cajero

blagajnik

florista

cvjećar

peluquero

frizer

cobrador

kontrolor

mecánico

mehaničar

capitán

kapiten

odontólogo

zubar

científico

naučnik

rabino

rabin

imam

imam

monje

monah

párroco

sveštenik

herramientas
alat

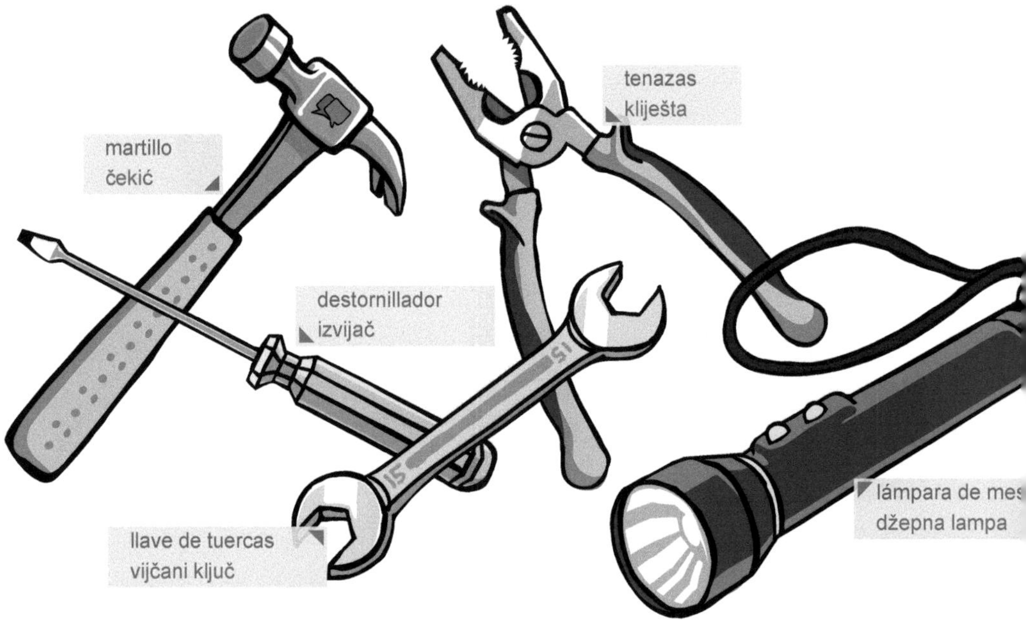

martillo
čekić
tenazas
kliješta
destornillador
izvijač
llave de tuercas
vijčani ključ
lámpara de me
džepna lampa

excavadora

bager

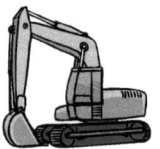

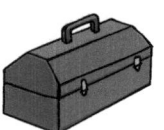

caja de herramientas

kutija sa alatom

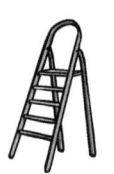

escalerilla

ljestve

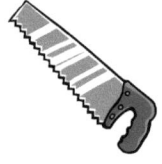

serrucho

testera, pila

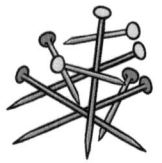

clavos

ekser

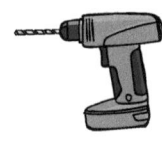

taladro

bušilica

reparar

popraviti

pala

lopata

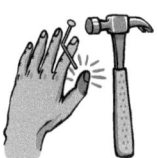

¡Maldición!

sranje!

recogedor

lopatica

lata de pintura

kanta boje

tornillos

vijak

instrumentos musicales
muzički instrumenti

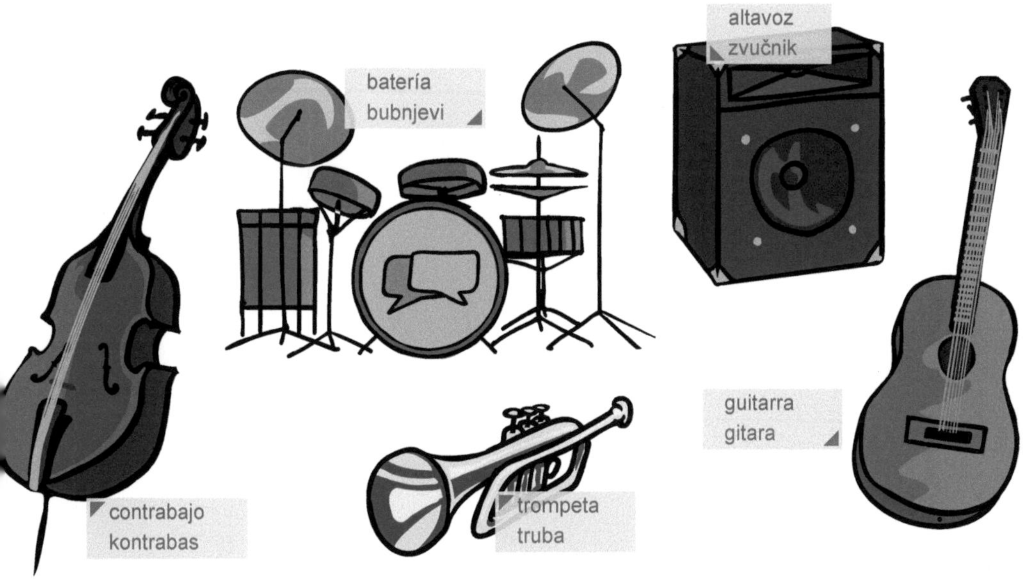

batería
bubnjevi

altavoz
zvučnik

guitarra
gitara

contrabajo
kontrabas

trompeta
truba

piano

klavir

violín

violina

bajo

bas

timbales

bubanj timpani

tambor

bubanj

teclado

sintisajzer

saxofón

saksofon

flauta

flauta

micrófono

mikrofon

zoológico
zološki vrt

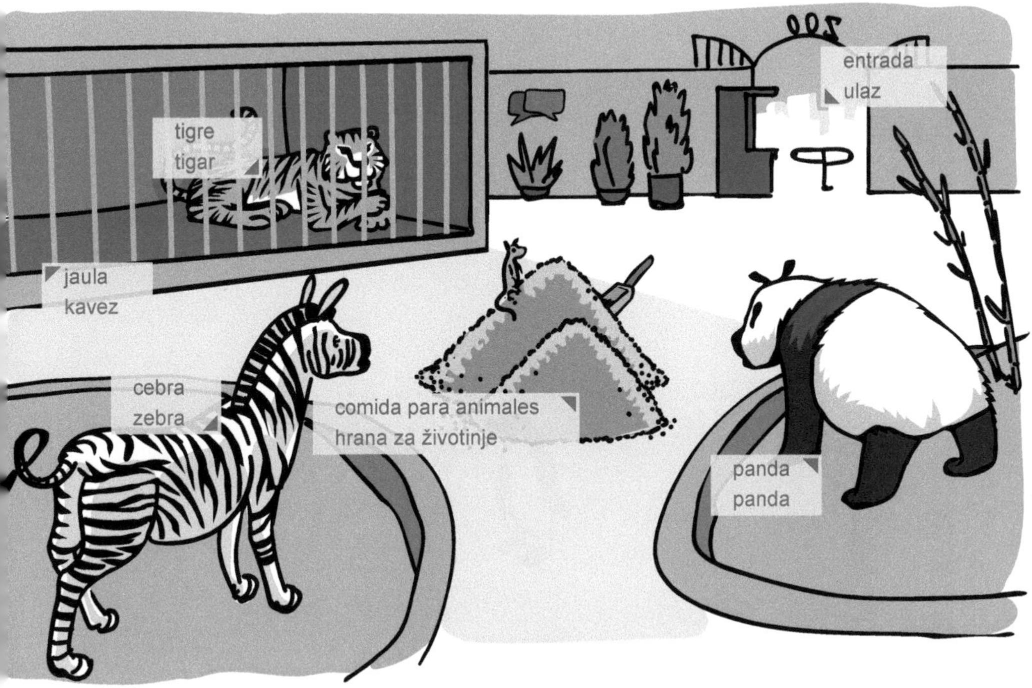

zoo
entrada
ulaz
tigre
tigar
jaula
kavez
cebra
zebra
comida para animales
hrana za životinje
panda
panda

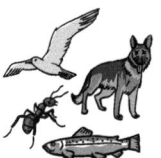

animales
životinje

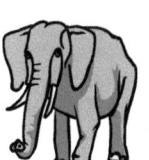

elefante
slon

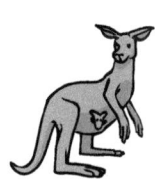

canguro
kengur

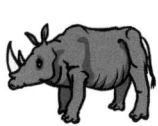

rinoceronte
nosorog

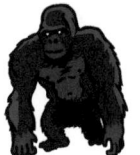

gorila
gorila

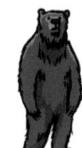

oso
medvjed

camello

kamila

avestruz

noj

león

lav

mono

majmun

flamengo

flamingo

papagayo

papagaj

oso polar

polarni medvjed

pingüino

pingvin

tiburón

morski pas

pavo real

paun

serpiente

zmija

cocodrilo

krokodil

cuidador del zoológico

čuvar u zološkom vrtu

foca

tuljan

jaguar

jaguar

pony
poni

leopardo
leopard

hipopótamo
nilski konj

jirafa
žirafa

águila
orao

jabalí
divlja svinja

pescado
riba

tortuga
kornjača

morsa
morž

zorro
lisica

gacela
gazela

fútbol americano
američki fudbal

ciclismo
vožnja bicikla

tenis
tenis

baloncesto
košarka

natación
plivanje

boxeo
boks

hockey sobre hielo
hokej na ledu

| fútbol | badminton | atlotiomo |
| fudbal | bedminton | laka atletika |

| balonmano | esquí | polo |
| rukomet | skijanje | polo |

actividades
aktivnosti

reír
smijati se
saltar
skakati
abrazar
zagrliti
caminar
ići
cantar
pjevati
soñar
sanjati
rezar
moliti
besar
ljubiti

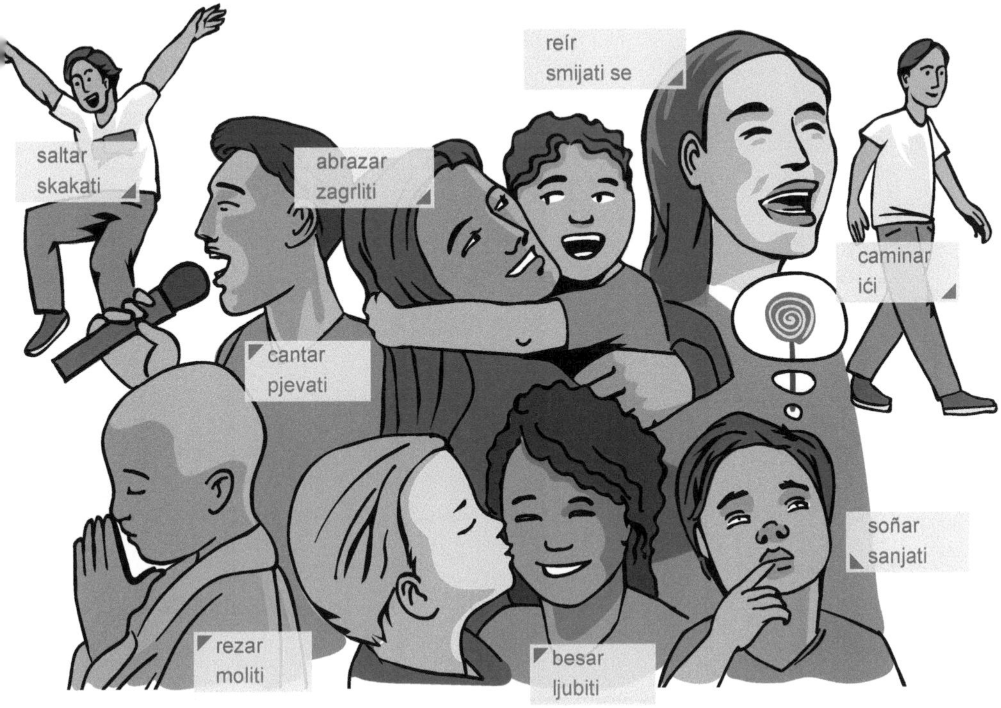

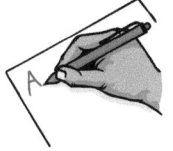

escribir
pisati

dibujar
crtati

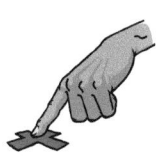

mostrar
pokazati

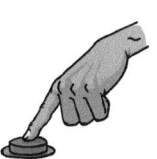

presionar
gurati

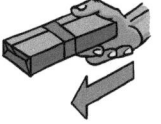

dar
dati

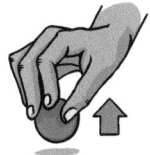

tomar
uzeti

tener
imati

hacer
raditi

ser
biti

estar de pie
stajati

correr
trčati

tirar
vući

arrojar
baciti

caer
pasti

estar acostado
ležati

esperar
čekati

llevar
nositi

estar sentado
sjediti

vestirse
obući

dormir
spavati

despertar
probuditi

mirar

pogledati

llorar

plakati

acariciar

milovati

peinarse

češljati

conversar

govoriti

entender

razumjeti

preguntar

pitati

oír

slušati

beber

piti

comer

jesti

asear

pospremiti

amar

voljeti

cocinar

kuhati

conducir

voziti

volar

letjeti

navegar

jedriti

calcular

računati

leer

čitati

aprender

učiti

trabajar

raditi

casarse

vjenčavti

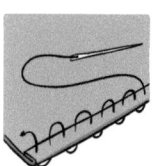

coser

šiti

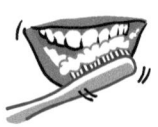

limpiarse los dientes

prati zube

matar

ubiti

fumar

pušiti

enviar

slati

familia
porodica

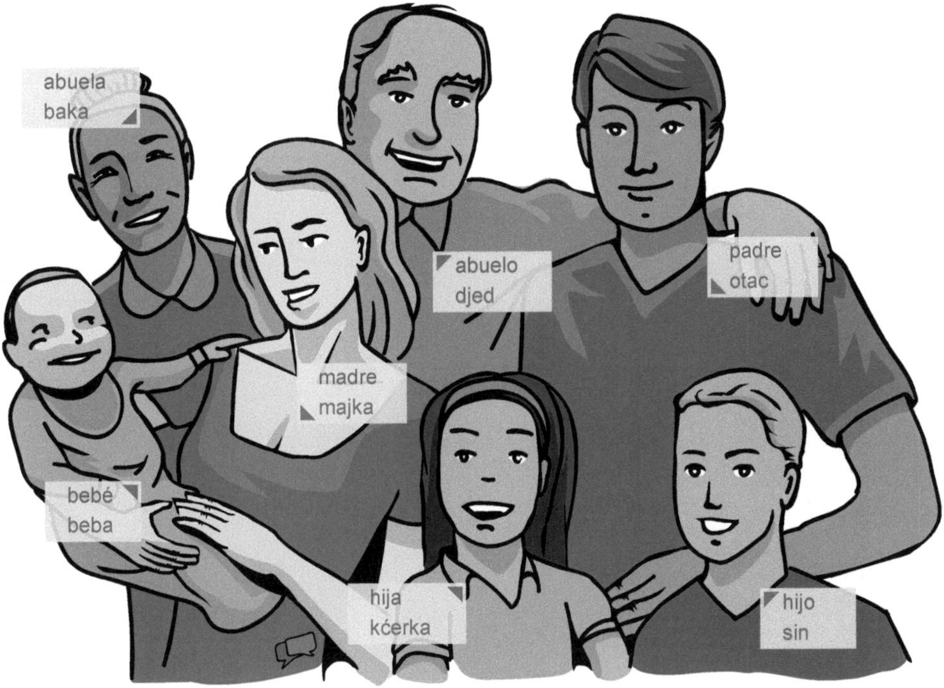
abuela
baka
abuelo
djed
padre
otac
madre
majka
bebé
beba
hija
kćerka
hijo
sin

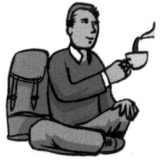

invitado

gost

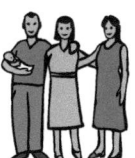

tía

ujna, tetka, strina

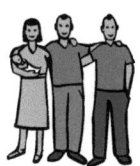

tío

ujak, tetak, stric

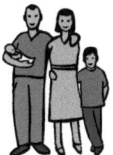

hermano

brat

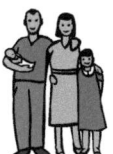

hermana

sestra

frente
čelo

ojo
oko

hombro
leđa

dedo
prst

cara
lice

barbilla
brada

mano
ruka, šaka

pecho
grudi

pierna
noga

brazo
ruka

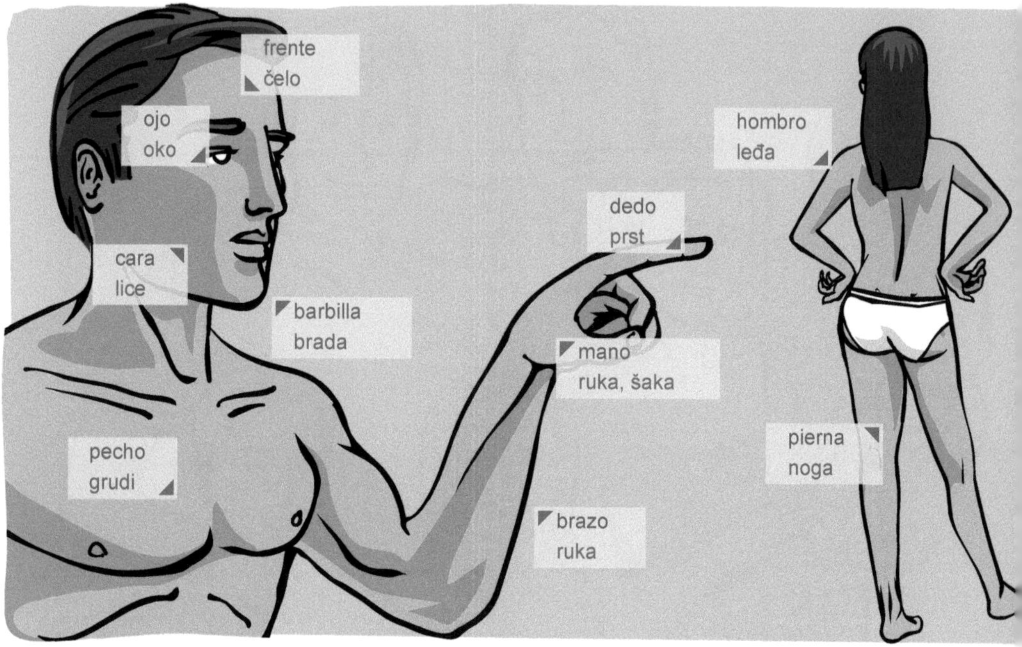

	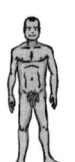	
bebé beba	hombre muškarac	mujer žena

muchacha djevojčica	joven dječak	cabeza glava

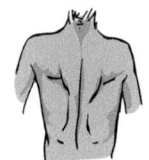

espalda

leđa

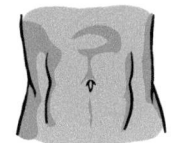

vientre

stomak

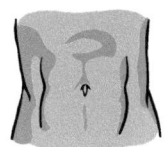

ombligo

pupak

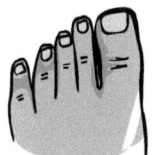

dedo del pie

nožni prst

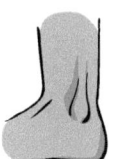

talón

peta

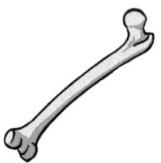

hueso

kosti

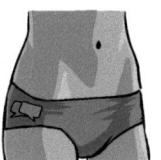

cadera

kuk

rodilla

koljeno

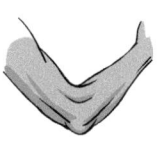

codo

lakat

nariz

nos

trasero

stražnjica

piel

koža

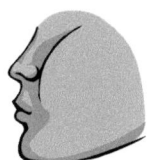

mejilla

obraz

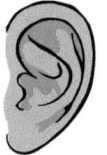

oreja

uho

labio

usna

boca

usta

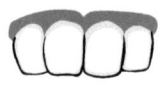

diente

zub

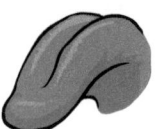

lengua

jezik

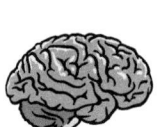

cerebro

mozak

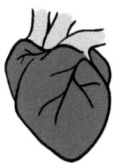

corazón

srce

músculo

mišić

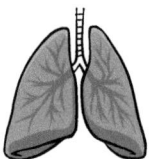

pulmón

pluća

hígado

jetra

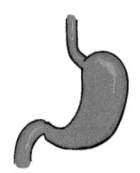

estómago

želudac

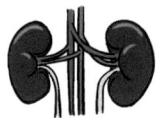

riñones

bubreg

relación sexual

spolni odnos

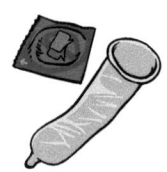

condón

kondom

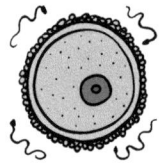

Óvulo

jajna ćelija

esperma

sperma

embarazo

trudnoća

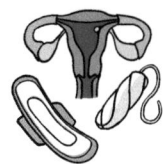

menstruación

menstruacija

vagina

vagina

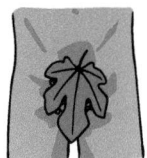

pene

penis

ceja

obrva

cabello

kosa

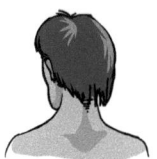

cuello

vrat

hospital
bolnica

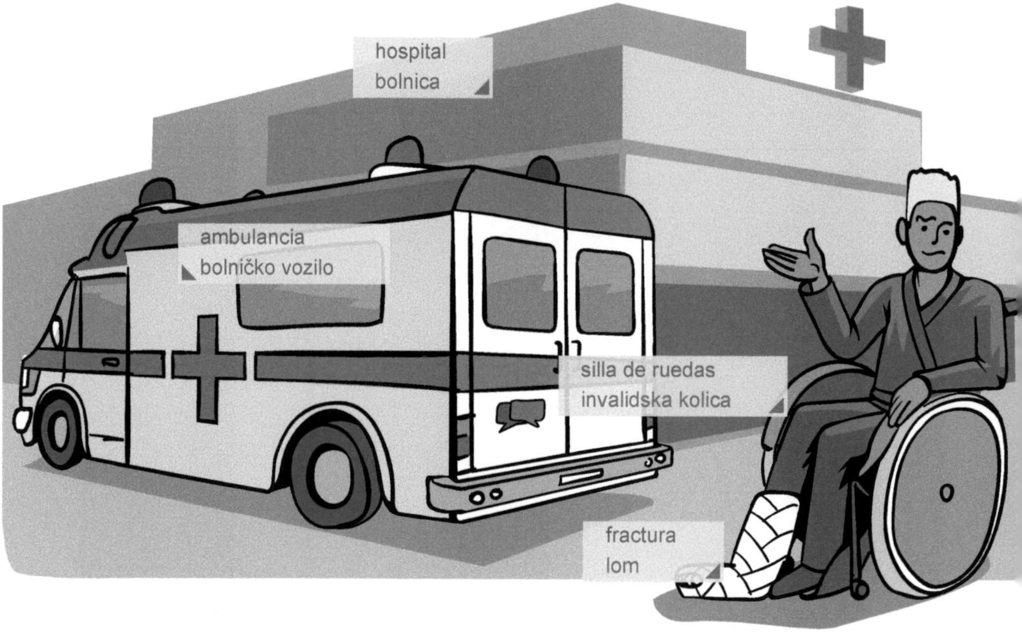

hospital
bolnica
ambulancia
bolničko vozilo
silla de ruedas
invalidska kolica
fractura
lom

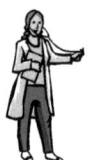

médico

ljekar

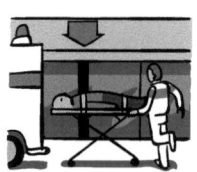

admición de urgencia

hitna služba

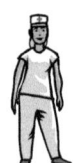

enfermera

medicinska sestra

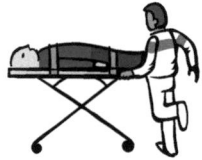

emergencia

hitna pomoć

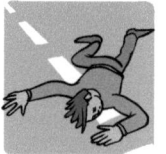

inconsciente

nesvjest

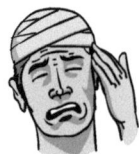

dolor

bol

lesión
....
povreda

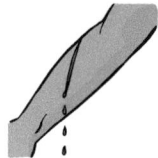

hemorragia
....
krvarenje

infarto de miocardio
....
srčani udar, infarkt

apoplejía cerebral
....
moždani udar

alergia
....
alergija

tos
....
kašalj

fiebre
....
groznica

gripe
....
gripa

diarrea
....
proljev

dolor de cabeza
....
glavobolja

cáncer
....
rak

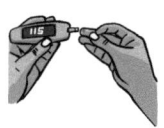

diabetes
....
dijabetes

cirujano
....
hirurg

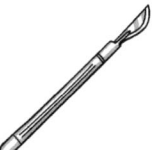

escalpelo
....
skalpel

operación
....
operacija

TC
CT

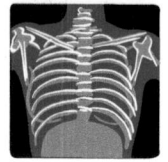

rayos X
rendgen

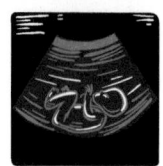

ultrasonido
ultrazvuk

máscara
maska

enfermedad
bolest

sala de espera
čekaonica

muleta
štake

emplasto
flaster

vendaje
zavoj

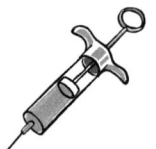

inyección
injekcija

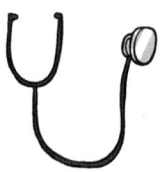

estetoscopio
stetoskop

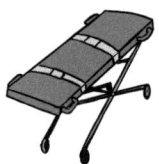

camilla
nosilo

termómetro
termometar

nacimiento
porod

sobrepeso
prekomjerna težina, debljina

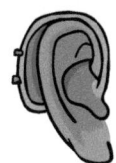

audífono

slušni aparat

desinfectante

sredstvo za dezinfekciju

infección

infekcija

virus

virus

VIH / SIDA

HIV/ AIDS

medicina

medicina

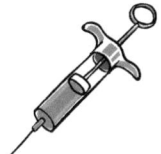

vacunación

vakcinacija

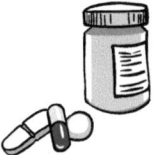

comprimido

tablete

píldora anticonceptiva

pilula

llamada de emergencia

hitni poziv

medidor de presión arterial

aparat za mjerenje pritiska

enfermo / saludable

bolestan / zdrav

¡Ayuda!

Upomoć!

alarma

alarm

asalto

napad, prepad

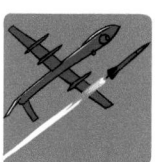

ataque

napad

peligro

opasnost

salida de emergencia

izlaz u slučaju opasnosti

¡Fuego!

Požar!

extintor

vatrogasni aparat

accidente

nezgoda

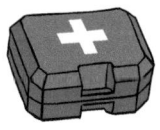

kit de primeros auxilios

torba prve pomoći

SOS

SOS

Policía

policija

Europa

Europa

América del Norte

Sjeverna Amerika

América del Sur

Južna Amerika

África

Afrika

Asia

Azija

Australia

Australija

Atlántico

Atlantik

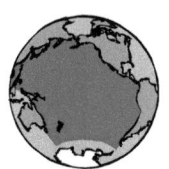

Pacífico

Pacifik

Océano Índico

Indijski okean

Océano Antártico

Antarktički okean

Océano Ártico

Arktički okean

Polo Norte

Sjeverni pol

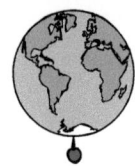

Polo Sur

Južni pol

Antártida

Antarktik

Tierra

Zemlja

país

zemlja

mar

more

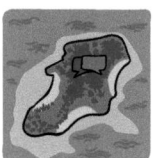

isla

ostrvo

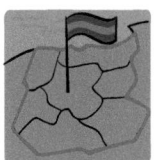

nación

nacija

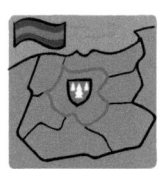

Estado

država

cuadrante

brojčanik sata

horario

kazaljka sata

minutero

kazaljka minute

segundero

kazaljka sekunde

¿Qué hora es?

Koliko je sati?

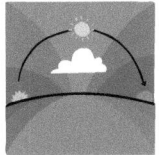

día

dan

tiempo

vrijeme

ahora

sada

reloj digital

digitalni sat

minuto

minuta

hora

sat

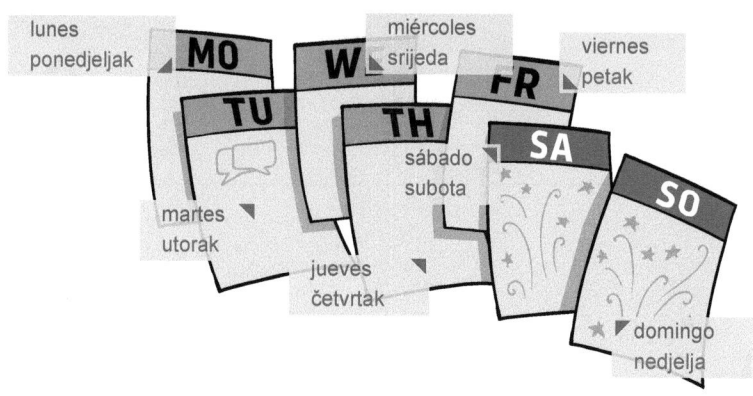

lunes
ponedjeljak

miércoles
srijeda

viernes
petak

martes
utorak

jueves
četvrtak

sábado
subota

domingo
nedjelja

ayer
....
juče

hoy
....
danas

mañana
....
sutra

mañana
....
jutro

mediodía
....
podne

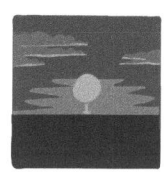

tarde
....
veče

MO	TU	WE	TH	FR	SA	SU
1	2	3	4	5	6	7
8	9	10	11	12	13	14
15	16	17	18	19	20	21
22	23	24	25	26	27	28
29	30	31	1	2	3	4

jornada de trabajo
....
radni dani

MO	TU	WE	TH	FR	SA	SU
1	2	3	4	5	6	7
8	9	10	11	12	13	14
15	16	17	18	19	20	21
22	23	24	25	26	27	28
29	30	31	1	2	3	4

fin de semana
....
vikend

año
godina

lluvia
kiša
arco iris
duga
nieve
snijeg
viento
vjetar
primavera
proljeće
otoño
jesen
verano
ljeto
invierno
zima

4.APRIL 11°
5.APRIL 4°
6.APRIL 13°
7.APRIL 8°
8.APRIL 10°

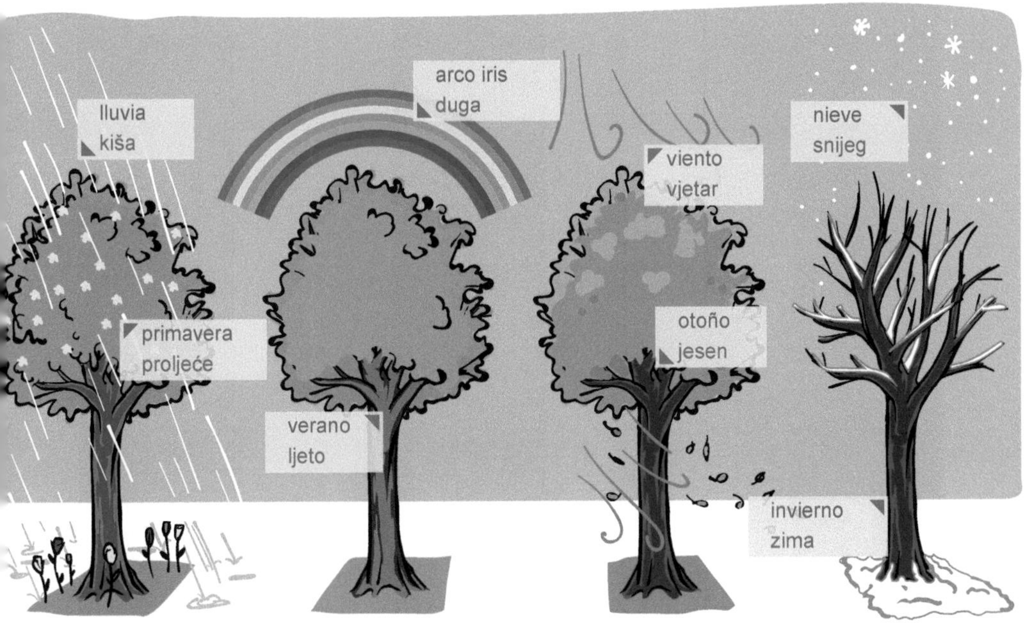

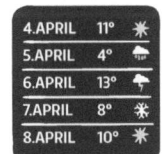

pronóstico meteorológico
prognoza vremena

F C
120 40
90 30
60 20
30 10
0 0
-30 -10
-20

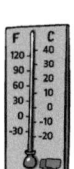

termómetro
termometar

luz solar
sunčev sjaj

nube
oblak

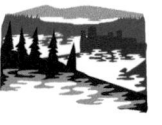

niebla
magla

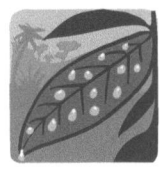

humedad ambiente
vlažnost vazduha

relámpago

munja

trueno

grom

tormenta

oluja

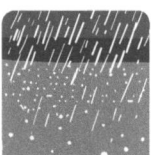

granizo

tuča, led

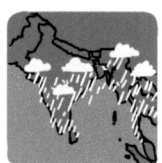

monzón

monsun

inundación

poplava

hielo

led

enero

januar

febrero

februar

marzo

mart

abril

april

mayo

maj

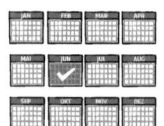

junio

juni

julio

juli

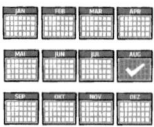

agosto

avgust

septiembre

septembar

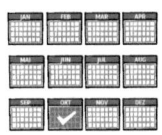

octubre

oktobar

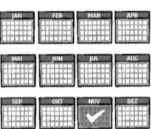

noviembre

novembar

diciembre

decembar

formas
oblici

círculo

krug

cuadrado

kvadrat

rectángulo

pravougao

triángulo

trougao

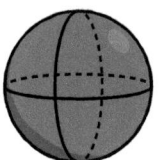

esfera

kugla

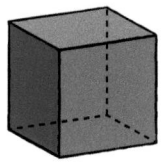

cubo

kocka

blanco

bjel

amarillo

žut

anaranjado

narandžast

rosa

pink

rojo

crven

lila

ljubičast

azul

plav

verde

zelen

marrón

smeđ

gris

siv

negro

crn

mucho / poco

malo / mnogo

enojado / calmado

ljutit / miran

bonito / feo

lijep / ružan

comienzo / fin

početak / kraj

grande / pequeño

veliki / mali

claro / oscuro

svijetlo / tamno

hermano / hermana

brat / sestra

limpio / sucio

čist / prljav

completo / incompleto

potpun / nepotpun

día / noche

dan / noć

muerto / vivo

mrtav / živ

ancho / angosto

široko / usko

disfrutable / no disfrutable

ukusno / neukusno

malo / amigable

zao / prijatan

excitado / aburrido

uzbuđen / dosadan

gordo / delgado

debeo / mršav

primero / último

najprije / najkasnije

amigo / enemigo

prijatelj / neprijatelj

lleno / vacío

pun / prazan

duro / suave

trvd / mekan

pesado / liviano

težak / lagan

hambre / sed

glad / žeđ

enfermo / saludable

bolestan / zdrav

ilegal / legal

ilegalan / legalan

inteligente / tonto

inteligentan / glup

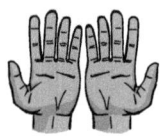

izquierda / derecha

lijevo / desno

cercano / lejano

blizu / daleko

nuevo / usado

nov / polovan

nada / algo

ništa / nešto

viejo / joven

star / mlad

encendido / apagado

uključeno / isključeno

abierto / cerrado

otvoreno / zatvoreno

bajo / fuerte

tiho / glasno

rico / pobre

bogat / siromašan

correcto / incorrecto

tačno / pogrešno

áspero / liso

hrapav / glatak

triste / alegre

tužan / srećan

breve / extenso

kratak / dug

lento / veloz

spor / brz

mojado / seco

mokro / suho

caliente / frío

toplo / hladno

guerra / paz

rat / mir

0	**1**	**2**
cero	uno	dos
nula	jedan	dva

3	**4**	**5**
tres	cuatro	cinco
tri	četiri	pet

6	**7**	**8**
seis	siete	ocho
šest	sedam	osam

9	**10**	**11**
nueve	diez	once
devet	deset	jedanaest

12

doce

dvanaest

13

trece

trinaest

14

catorce

četrnaest

15

quince

petnaest

16

dieciséis

šesnaest

17

diecisiete

sedamnaest

18

dieciocho

osamnaest

19

diecinueve

devetnaest

20

veinte

dvadeset

100

cien

sto

1.000

mil

hiljada

1.000.000

millón

milion

inglés
....
engleski

inglés estadounidense
....
američki engleski

chino mandarín
....
kinesko mandarinski

`hindi
....
hindi

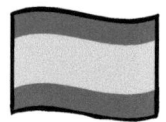

español
....
španski

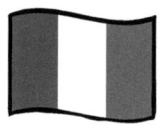

francés
....
francuski

árabe
....
arapski

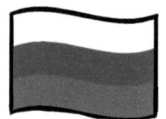

ruso
....
ruski

portugués
....
portugalski

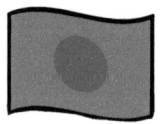

bengalí
....
bengalski

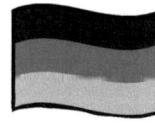

alemán
....
njemački

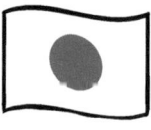

japonés
....
japanski

yo

ja

tú

ti

él / ella

on / ona / ono

nosotros

mi

vosotros

vi

ellos

oni

¿quién?

ko?

¿qué?

šta?

¿cómo?

kako?

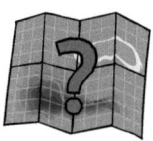

¿dónde?

gdje?

¿cuándo?

kada?

nombre

ime

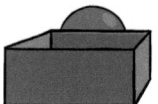

detrás

iza

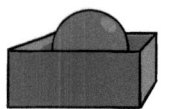

en

u

delante de

pred

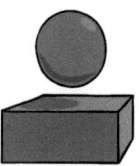

encima de

iznad

sobre

na

debajo de

ispod

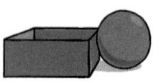

junto a

pored

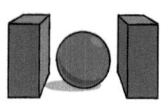

entre

između

lugar

mjesto